IMPRIMERIE ET FONDERIE DE JULES DIDOT L'AÎNÉ,
6, Boulevart d'Enfer.

MARGUERITE,

OPÉRA COMIQUE EN TROIS ACTES,

PAROLES

DE MM. SCRIBE ET EUGÈNE;

MUSIQUE DE M. ADRIEN BOIELDIEU.

REPRÉSENTÉ POUR LA PREMIÈRE FOIS, A PARIS, SUR LE THÉATRE ROYAL
DE L'OPÉRA-COMIQUE, LE 18 JUIN 1838.

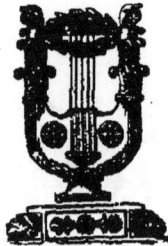

A PARIS,

CHEZ J.-N. BARBA, LIBRAIRE,

PALAIS-ROYAL, GALERIE DE CHARTRES, N°° 2 ET 3.

1838.

DISTRIBUTION DE LA PIÈCE:

MAÎTRE BIRMINSTEL, ancien maître d'école, et ré-
cemment nommé grand-bailli............... **M. HENRI.**

HERBERT, son neveu, garde-chasse.......... **M. JANSENNE.**

GRAPH, compagnon d'Herbert. .... **M. ROI.**

MARGUERITE, jeune fermière.............. **Mlle ROSSI.**

CHRISTIAN, soldat, son amoureux........... **M. COUDERC.**

JUSTINE, sœur de Christian .... **Mlle BERTHAULT**

LE COMTE RODOLPHE, seigneur du village, et colonel du régiment de Christian............. **M. FOSSE.**

GARDES-CHASSES.

PAYSANS et PAYSANNES.

La scène se passe en Allemagne, en 1809.

MARGUERITE,

OPÉRA COMIQUE EN TROIS ACTES.

❦❦❦❦❦❦❦❦❦❦❦❦❦❦❦❦❦❦❦❦❦❦❦❦❦❦❦❦

ACTE PREMIER.

Paysage. A gauche, la porte d'une auberge de village. A la première coulisse, une espèce de cabinet attenant à l'auberge et y communiquant par une porte intérieure ; une grande et basse fenêtre à ce cabinet. Aux derniers plans, le jardin de l'auberge. A droite, la maison du grand-bailli. Au fond, une colline ; et dans le lointain, les tourelles d'un château abandonné et qui tombe en ruines.

∞∞∞

SCÈNE I.

INTRODUCTION.

(Tout le village, les tambours en tête, est placé sous les fenêtres du bailli.)

CHŒUR.

Au son du tambour
Célébrons ce jour !
C'est tout le village
Qui vient rendre hommage
A son grand-bailli.
Nous voici, nous voici !
Vive le grand-bailli !

LE BAILLI, sortant de chez lui.

Eh ! mais, pourquoi tout ce tapage ?

CHŒUR.

Vive, vive le grand-bailli !

LE BAILLI, avec satisfaction.

C'est bien, très bien !... c'est dans la forme
J'aime les honneurs et l'éclat !
Mais encor faut-il que l'on dorme,
Même quand on est magistrat ;
Et vous pouviez plus tard me prouver votre zèle.

CHŒUR.

Vive, vive le grand-bailli !

LE BAILLI, se promenant, et à lui-même.

Il est pourtant fort doux d'être en tout obéi,
De tous complimenté, fêté, servi, chéri !
Est-il une place plus belle
Que la place de grand-bailli !

*Toutes les indications à *droite* ou à *gauche* doivent s'entendre de la droite ou de la gauche de l'acteur.

6

CHŒUR.

Au son du tambour
Célébrons ce jour ! etc.

oooooooooooooooooooooooooooooooooooooooooooooooooo

SCÈNE II.

LES MÊMES; JUSTINE, accourant.

JUSTINE.

Ah ! quel bonheur ! quelle nouvelle !

LE BAILLI.

C'est Justine !... que nous veut-elle ?
Sans doute me fêter aussi.

JUSTINE.

Monsieur, monsieur le grand-bailli,
Je viens de voir dans l'avenue
Arriver tout un régiment.
(Imitant le tambour.)
Plan, plan, plan !.
Ah ! grand Dieu ! la belle tenue !
Quel air martial et brillant !
On va les passer en revue,
Et le coup d'œil sera charmant.
Plan, plan, plan !...
(Au bailli.)
Puis chez vous et dans le village
Il faut les placer à l'instant ;
Donner à tous et promptement
De bons billets de logement ;
Ou bien chaque soldat, je gage,
Prendra le sien tambour battant.
Plan, plan, plan !

LE BAILLI.

Au diable une pareille affaire !

JUSTINE.

Écoutez donc, c'est votre emploi.

LE BAILLI.

Je l'ai payé pour ne rien faire
Et pour rester toujours chez moi !
Et de tous ces détails faut-il que je me mêle ?

JUSTINE.

C'est vous que ça regarde ici.

CHŒUR.

Est-il une place plus belle
Que la place de grand-bailli !

LE BAILLI.

Assez, assez, et grand merci.

CHŒUR, criant très fort.

Au son du tambour
Célébrons ce jour, etc.

SCÈNE III.

Les Précédents, HERBERT, GRAPH et
autres Gardes-forestiers.

JUSTINE, au bailli.

Les gardes-forestiers viennent vous rendre hommage.

LES GARDES-FORESTIERS.

Nous venons aujourd'hui ,
Suivant l'antique usage ,
Fêter monsieur le bailli.
Ce jour pour nous est d'un heureux présage :
Vive à jamais le grand-bailli !

HERBERT , aux villageois.

Allons, papas , mamans , garçon et jeune fille,
A souper chez mon oncle, et ce soir et demain.
On vous invite tous !

LE BAILLI.

Te tairas-tu, coquin !

HERBERT.

C'est une fête de famille !
A ce soir !

LE BAILLI.

Le fripon !

HERBERT.

A ce soir!

CHOEUR.

Grand merci.
Vive à jamais le grand-bailli !

LE BAILLI , à part.

Cinquante personnes à table !

JUSTINE.

Est-il place plus agréable
Que la place de grand-bailli !

LE BAILLI , les congédiant.

C'est bon : à mes travaux laissez-moi seul ici.

TOUS , en sortant.

Au son du tambour
Célébrons ce jour ! etc.

SCÈNE IV.

LE BAILLI, HERBERT.

LE BAILLI.

Sais-tu, mon neveu, que tu es un franc mauvais sujet?

HERBERT.

C'est la faute de l'éducation ! celle que vous
m'avez donnée, mon cher oncle...

LE BAILLI.

Je ne t'en ai pas donné du tout. J'avais cru
d'abord ce système économique; mais je vois
maintenant qu'il me revient très cher.

HERBERT.

Ce n'est cependant pas mon établissement
qui vous a ruiné... garde-chasse de la comtesse
de Loustal... quarante écus de traitement...
avec ce que vous me donnez...

LE BAILLI.

Ça fait?...

HERBERT.

Ça fait quarante écus.

LE BAILLI.

Pour toi!... mais pour moi, c'est bien autre
chose!... N'as-tu pas galopé l'autre jour avec
ma jument à travers les moissons du fermier
voisin? n'as-tu pas fait étrangler par mon chien
les canards de la meunière? Tous les dégâts
que tu commets, toutes les amendes auxquelles
tu te fais condamner! qui est-ce qui paie tout
cela?

HERBERT.

Je n'en sais rien, mais ce n'est pas moi.

LE BAILLI.

C'est votre oncle, monsieur, votre malheureux oncle!... Mais à présent que je vais moi-
même rendre la justice, et que du rang de
maître d'école me voilà élevé à celui de grand-
bailli, que sera-ce donc s'il vous prend fantaisie
de vous faire pendre?...

HERBERT.

Eh bien! la cérémonie me sera plus agréable
qu'avec un étranger... vous serez là... tout se
passera en famille.

LE BAILLI.

Et le tort que cela me ferait!

HERBERT.

Et à moi donc!

LE BAILLI.

J'en perdrais ma place.

HERBERT.

Non, tenez, raisonnons sérieusement : je
suis un neveu fort tendre, très dévoué : et si
vous voulez je vais vous indiquer un moyen
certain pour que je ne sois pas pendu. Vous
voyez comme je m'intéresse à vous.

LE BAILLI.

Et quel moyen?

HERBERT.

Ah! doucement! c'est une invention pour
vous rendre service; et auparavant je veux savoir ce que vous me donnerez pour cela.

LE BAILLI , se récriant.

Ah ! bien, par exemple !...

HERBERT.

Allons !... vous voyez votre avarice !... car enfin, ce n'est pas moi, c'est vous qui y gagnerez... c'est égal, je vais vous apprendre mon secret, gratis. Voyons, qu'est-ce que je peux vous devoir ?

LE BAILLI.

Deux cents ducats.

HERBERT.

Eh bien ! si vous voulez , ils seront payés demain.

LE BAILLI.

Et comment ?

HERBERT.

Par un mariage... un bon mariage !

LE BAILLI.

Pour toi ?

HERBERT.

Oui. Je suis amoureux de Marguerite , notre voisine et votre protégée.

LE BAILLI.

La jolie Marguerite ?

HERBERT.

Justement.

LE BAILLI.

Peste ! Je crois bien qu'elle doit te plaire ! Le jeune comte Rodolphe, son frère de lait, lui a promis , quand elle se marierait , dix mille florins de dot ! et en attendant , il lui a fait cadeau d'une très jolie petite ferme.

HERBERT.

Que je connais, et qui ajoute à mon amour ; et puis, Marguerite est orpheline : pas de parents, pas d'oncle ! c'est un avantage.

LE BAILLI.

Bien obligé !

HERBERT.

Je ne dis pas cela pour vous, qui êtes au contraire d'un excellent rapport... Mais enfin il faut que j'épouse la jeune et gentille fermière, dans votre intérêt encore plus que dans le mien.

LE BAILLI.

Je ne demande pas mieux.

HERBERT.

Alors mettez-vous en avant; vous voilà grand-bailli, c'est quelque chose.

LE BAILLI.

Tu as raison, il faut l'éblouir.

HERBERT.

Dites partout que vous me céderez un jour
votre place que vous me donnerez une dot.

LE BAILLI.

Mentir à ce point !

HERBERT.

Il ne tient qu'à vous que ce ne soit pas un
mensonge... vous en êtes le maître ; et tenez...
tenez... voici Marguerite... faites-lui d'abord
pour moi votre demande en mariage.

LE BAILLI.

C'est toi que cela regarde.

HERBERT.

Du tout... c'est la famille... vous êtes l'oncle.

LE BAILLI.

Mais toi, tu es le prétendu.

HERBERT.

Eh bien ! faisons-la tous deux en même
temps.

SCÈNE V.

MARGUERITE, LE BAILLI, HERBERT.

(Le bailli et Herbert saluent profondément. Marguerite,
étonnée, les regarde et leur rend une révérence.)

TRIO.

HERBERT.

On dit au village...

LE BAILLI.

Qu'il est très bien fait ;

HERBERT.

Que j'ai du courage ;

LE BAILLI.

Qu'il est bon sujet ;

HERBERT.

Jeune et le cœur tendre ;

LE BAILLI.

Neveu d'un bailli !

HERBERT.

Voulez-vous me prendre
Pour votre mari?

ENSEMBLE.

LE BAILLI.

Jeune, aimable et tendre,
Neveu d'un bailli :
Voulez-vous le prendre
Pour votre mari ?

HERBERT.

Jeune et le cœur tendre,
Neveu d'un bailli :

Voulez-vous me prendre
Pour votre mari ?

MARGUERITE.

Un pareil hommage
Doit flatter mon cœur,
Et ce mariage
Est un grand honneur ;
Mais, loin d'y prétendre,
Je déclare ici
Que je ne veux prendre
Amant ni mari.

LE BAILLI.

Ah ! daignez l'entendre !

MARGUERITE.

Je déclare ici
Que je ne veux prendre
Amant ni mari.

ENSEMBLE.

MARGUERITE.

Loin de vous entendre,
Je déclare ici
Que je ne veux prendre
Amant ni mari.

HERBERT.

Jeune et le cœur tendre,
Neveu d'un bailli :
Ah ! daignez me prendre
Pour votre mari !

LE BAILLI.

Jeune, aimable et tendre,
Neveu d'un bailli :
Ah ! daignez le prendre
Pour votre mari !

LE BAILLI.

C'est-à-dire que vous me refusez.

MARGUERITE.

Bien malgré moi.

LE BAILLI.

Et pourquoi, s'il vous plait, ne voulez-vous
ni amoureux, ni mari ?

MARGUERITE, baissant les yeux.

Parceque j'en ai un.

LE BAILLI, bas à son neveu.

C'est une raison.

HERBERT, avec humeur.

Laissez-donc ! elle n'est pas mariée.

MARGUERITE.

C'est tout comme. J'ai promis ma main
à Christian, il y a deux ans, quand il partit
pour la guerre.

LE BAILLI.

Christian ?... qui sert dans le régiment du
comte Rodolphe, notre jeune maître ?

MARGUERITE.

Lui-même, le frère de Justine avec qui j'ai été élevée.

HERBERT.

Un petit, qui n'est pas beau.

MARGUERITE.

Vous êtes bien difficile. Mais enfin, c'est égal, je l'aime.

LE BAILLI.

Un garçon qui n'a pas le sou !

MARGUERITE.

C'est égal, je l'aime ; et puis je suis riche pour deux.

LE BAILLI.

C'est bien ce qui me fâche pour vous. Et depuis deux ans qu'il est parti, vous y pensez encore ?

MARGUERITE.

Toujours.

LE BAILLI.

Voilà ce qui s'appelle du temps perdu, parceque de son côté je suis bien sûr que le pauvre garçon... bien malgré lui peut-être...

MARGUERITE.

Que voulez-vous dire? Vous savez quelque chose ?...

LE BAILLI.

Comme grand-bailli, je sais tout... et je sais que, depuis deux ans, il y a eu plusieurs batailles... des batailles terribles !...

MARGUERITE, vivement et avec effroi.

Christian n'est plus !...

LE BAILLI.

Je ne dis pas cela.

MARGUERITE.

Il est blessé !...

LE BAILLI.

Je ne dis pas cela.

MARGUERITE.

Eh ! que dites-vous donc ?...

LE BAILLI.

Je dis... je dis.. ma chère Marguerite... je dis que tout peut arriver... et qu'à votre âge... il serait plus sage, plus prudent...

ooooooooooooooooooooooooooooooooooooooooooooooooooooo

SCÈNE VI.

LES MÊMES, JUSTINE.

JUSTINE, accourant

Eh bien ! eh bien ! vous restez là... vous ne savez donc pas la nouvelle ?... le régiment que de loin j'ai vu passer ce matin... c'était celui du colonel Rodolphe notre maître.

TOUS TROIS.

Eh bien !... ce régiment ?...

JUSTINE.

En voilà une compagnie qui entre dans le village où elle vient loger... et parmi ces soldats, j'en ai aperçu un !...

MARGUERITE.

Achève !...

JUSTINE.

Mon frère, Christian !

TOUS TROIS.

Christian !

MARGUERITE, avec joie.

Christian ! Et que disiez-vous donc, monsieur le bailli ?

LE BAILLI.

Je disais... je disais... que tout peut arriver... et j'avais raison : le voilà qui arrive.

JUSTINE.

Avec une trentaine de ses camarades; et on demande de tous côtés monsieur le bailli pour les billets de logement. Il va y avoir du bruit.

LE BAILLI.

J'y cours.

(Musique.)

HERBERT.

Mais, mon oncle...

LE BAILLI.

Je perds la tête... laissez-moi tranquille.

HERBERT, sortant avec lui.

Du tout... je ne vous quitte pas... et il faudra bien que vous trouviez quelque autre moyen.

JUSTINE et MARGUERITE, regardant au fond, et poussant un cri.

Christian !

(Elles courent au-devant de Christian qui descend la colline les embrasse, et redescend avec elles au bord du théâtre.)

◦◦◦

SCÈNE VII.

MARGUERITE, JUSTINE, CHRISTIAN.

CHRISTIAN.

AIR.

RÉCITATIF.

Hélas! après deux ans passés loin de ces lieux,
Je vous revois enfin; combien je suis heureux !
    Quand je quittai ma paisible chaumière,
      Au fond du cœur quels chagrins! quels regrets !

Et je croyais, en partant pour la guerre,
A mon pays dire adieu pour jamais.

AIR.

Pauvre soldat, à la victoire
Je marchai le sac sur le dos,
Jurant tout bas contre la gloire
Qui me forçait d'être un héros!
   Bientôt vers la frontière
   On nous guide à grands pas ;
   Une chanson guerrière
   Nous appelle aux combats ;
   Puis au bout de la route
   On nous dit : « C'est ici!
   Prenez cette redoute !
   Délogez l'ennemi ! »

    Ah! quel tapage!
    La fusillade !
    La canonnade !
    Et cependant
    Marche en avant !
Mais après les combats, qu'ils sont heureux les jours
Où l'on revoit enfin l'objet de ses amours !
   Ah! mon village! ô Marguerite!
   Je vous revois, quel heureux jour!
   Chagrin, fuyez! fuyez bien vite!
   Tout est plaisir à mon retour !

MARGUERITE.

Et ton colonel, le comte Rodolphe que ma
mère a nourri, qui m'appelle sa sœur?

CHRISTIAN.

Revenu avec nous !... il a couru au château
où des affaires l'appelaient.

MARGUERITE, à demi-voix.

Je crois bien ! la jeune comtesse de Loustal... mademoiselle Mathilde, qu'il aimait tant
avant son départ !

CHRISTIAN, de même.

Et qu'il aime encore plus au retour. C'est
comme moi !

MARGUERITE, souriant.

Bien vrai !...

CHRISTIAN.

Et il m'a dit comme ça : — « J'espère que
Marguerite se mariera en même temps que
moi. »

MARGUERITE.

Nous verrons ça... rien ne presse.

CHRISTIAN.

Mais si, vraiment... car il paraît que c'est demain que M. le comte se marie.

MARGUERITE.

Demain... Eh bien! alors ce ne sera pas possible.

JUSTINE.

Et pourquoi donc? on ne peut jamais se marier trop tôt... on ne sait pas ce qui peut arriver... et puis monseigneur le veut, et il a le droit de dire : Je veux, puisqu'il donne une dot ; à demain, s'il vous plaît, le contrat et la noce.

MARGUERITE.

Quand rien n'est prêt ?

JUSTINE.

Je suis toujours prête à danser ; et, quant au notaire, pour qu'il soit ici de bon matin, nous irons le prévenir dès ce soir avec Christian... ou plutôt j'irai seule... tu as tes amis à revoir, à embrasser... notre vieille tante qui se fâcherait... oui, frère, ne t'inquiète pas.

MARGUERITE.

Le notaire demeure si loin, à un quart de lieue.

JUSTINE.

Par la grande route ; mais en prenant par Falkeinstein, par les ruines du vieux château, cela abrège de moitié ; je serai ici de retour avant la nuit.

MARGUERITE.

Et moi je ne le veux pas... on dit que ces ruines... c'est dangereux... qu'il s'y passe des choses terribles... surtout le soir.

JUSTINE.

Allons donc !... crois-tu m'effrayer, moi la sœur d'un militaire... ou plutôt je devine... c'est toi qui as peur.

MARGUERITE.

Moi ?

JUSTINE.

Qui as peur d'être mariée demain... mais tu auras beau faire... il n'y aura plus à s'en dédire.

CHRISTIAN.

Elle a raison.

MARGUERITE.

Nous allons être mariés si vite... si vite, que le mariage ne vaudra rien.

CHRISTIAN.

N'ayez pas peur... je vais d'abord chez ma vieille tante.

JUSTINE.

Nous irons avec toi.

CHRISTIAN.

Il me tarde de l'embrasser, et sur-tout de quitter mon uniforme ; car maintenant que j'ai

mon congé je suis du village... je suis paysan...
au diable les gens qui se battent !

JUSTINE.

Et vivent ceux qui se marient.

(Justine, Marguerite et Christian s'en vont par la gauche; Graph et Herbert entrent de l'autre côté.)

∞∞∞∞∞∞∞∞∞∞∞∞∞∞∞∞∞∞∞∞∞∞∞∞∞∞∞∞∞∞∞∞∞∞∞∞

SCÈNE VIII.

GRAPH, HERBERT.

GRAPH.

Eh bien !.. tu les entends... un mariage... une
noce... des fêtes dans le village... et puis, ce soir,
pour l'installation de ton oncle, on boira : ce
que tu aimes assez.

HERBERT.

Laisse-moi tranquille.

GRAPH.

On jouera... ce que tu aimes encore mieux.

HERBERT.

Jouer?... avec quoi?...

GRAPH.

Et tes écus d'hier ?... la jument de ton oncle?

HERBERT.

J'ai tout perdu !... j'ai du malheur ce mois-
ci.

GRAPH.

Du malheur ou de la maladresse... quand on
joue avec des gaillards qui en savent plus long
que vous !...

HERBERT.

Aurais-je été leur dupe, par hasard?

GRAPH, froidement.

Ce n'est pas impossible.

HERBERT.

Et tu ne m'as pas averti?

GRAPH.

Que veux-tu?... ils sont mes amis comme
toi.

HERBERT.

Des amis pareils !...

GRAPH.

Il en faut partout !... et puis, tu as plus d'oc-
casions qu'eux de prendre ta revanche.

HERBERT.

Je l'espérais ce matin, j'étais joyeux, tout
allait bien... une jolie femme... riche déjà et à
qui monseigneur va donner encore dix mille
florins en mariage!

GRAPH, avec avidité.

Dix mille florins!..

HERBERT.

Et le retour de Christian a tout renversé !

GRAPH.

Eh bien !..... après ?.... quand tu te désole-
ras?...

HERBERT.

Quand on n'a pas autre chose à faire !

GRAPH.

Bah!... il y a tant de ressources dans cette
vie!... réfléchis un peu... sors de la route or-
dinaire... examine les gens heureux... occupe-
toi des riches... il y a bien des métiers à faire ici-
bas... le monde est grand... le champ est vaste ;
il s'agit seulement d'y moissonner quelques
gerbes.

HERBERT, vivement.

Il s'agit de m'aller jeter dans le fleuve ou de
me faire sauter la cervelle ! je suis perdu ! je dois
à la ville une forte somme ; il y a sentence contre
moi. On me donnait du temps dans l'espoir de
mon mariage ; maintenant tout est dit !..... la
prison, du pain noir et de l'eau claire !

GRAPH.

Eh bien! en attendant allons boire du vin
pour te griser un peu. Voilà le cabaret, et tu as
besoin d'y entrer.

HERBERT.

C'est vrai! il n'y a de bon pour nous que les
moments où la raison s'en va !

GRAPH.

Viens, imbécille !... nous verrons, nous cau-
serons... Tiens, voici les deux amoureux.

HERBERT, entrant vivement à l'auberge.

Malédiction !

(Graph le suit.)

SCÈNE IX.

CHRISTIAN, en veste de paysan et en chapeau
rond; MARGUERITE.

(Ils arrivent par le jardin de l'auberge en se tenant par la
main.)

DUO.

ENSEMBLE.

Au bonheur, au plaisir
Que notre cœur se livre !
Te revoir, c'est revivre !
Te quitter, c'est mourir !

MARGUERITE, le regardant.

Voyons !... ainsi je te préfère !
Cet humble habit semble attester

2

Que près de celle qui t'est chère
Tu veux toujours, toujours rester !
(Le regardant encore.)
Mais à ton chapeau, quel dommage !
Il manque un ruban !...

CHRISTIAN.

Vraiment, oui !
Et jamais fiancée, ainsi le veut l'usage,
N'en refuse un à son ami...

MARGUERITE, souriant et montrant le ruban de sa
ceinture.

Christian, veux-tu celui-ci ?

ENSEMBLE.

CHRISTIAN.

O gage de nos amours,
Je te garderai toujours !

MARGUERITE.

Songez à garder toujours
Ce gage de nos amours.

CHRISTIAN.

Et maintenant c'est un baiser
Que l'on ne peut me refuser.

MARGUERITE.

Oh ! doucement, prenez bien garde !
Je crains toujours qu'on ne regarde.

CHRISTIAN.

Eh ! non, personne autour de nous !

MARGUERITE, souriant et se laissant embrasser.

Personne ?... alors dépêchez-vous !

ENSEMBLE, très animé.

Au bonheur, au plaisir, etc.

SCÈNE X.

JUSTINE, accourant par la droite ; CHRISTIAN
et MARGUERITE, au milieu du théâtre ;
GRAPH et HERBERT, dans le cabaret, parais-
sent à une fenêtre du rez-de-chaussée : ils boivent.

JUSTINE.

Ne vous dérangez pas,... ce n'est que moi...
j'ai déjà fait toutes nos invitations dans le village,
et j'allais courir chez le notaire en prenant par
les ruines... lorsqu'à cent pas d'ici, je me suis
trouvée face-à-face avec un inconnu enveloppé
dans un grand manteau.

MARGUERITE.

Vois-tu, déjà les rencontres.

JUSTINE.

Sois donc tranquille... il m'a dit : «La jeune fille... connaissez-vous Christian... un soldat arrivé aujourd'hui dans ce village?... — Pardi ! que je réponds... c'est mon frère... — Eh bien! alors, a-t-il continué en baissant la voix, menez-moi vers lui, et prévenez-le que quelqu'un voudrait lui parler, à lui seul.»

CHRISTIAN.

A moi? que me veut cet étranger?

JUSTINE.

Le voilà.

CHRISTIAN.

Il choisit bien son temps, au moment où je suis avec Marguerite, avec ma prétendue... (Apercevant Rodolphe qui entre, et ôtant son chapeau qu'il place sur l'entablement de la croisée du cabinet de l'auberge.) Mon colonel!... (Aux deux femmes.) Laissez-nous, mes amies, laissez-nous.

MARGUERITE.

Mais pourquoi donc? qu'est-ce que cela signifie? pas pour long-temps, n'est-ce pas?.... Je rentre à la ferme.

JUSTINE.

Et moi, je cours chez le notaire.

(Marguerite sort par la droite. Justine sort par le fond et monte la colline. Christian va au-devant de son colonel qui l'amène lentement et mystérieusement au bord du théâtre. Pendant ce temps, Graph et Herbert viennent d'ouvrir la fenêtre du cabaret.)

HERBERT, apercevant le chapeau que Christian vient de pos r, et regardant avec dédain le ruban dont il est garni.

Tiens!... vois-tu, Graph! le ruban que lui a donné son amoureuse! à lui tout le bonheur! et à moi, rien !...

(Il a pris le chapeau qu'il jette avec colère à ses pieds dans le cabinet où ils sont.)

GRAPH.

Tais-toi donc.

CHRISTIAN, à Rodolphe.

Qu'y a-t-il, mon colonel?

RODOLPHE, regardant autour de lui, et avec mystère.

Personne...?

GRAPH, regardant.

Ah! c'est le comte Rodolphe.

CHRISTIAN.

Pourquoi vous donner la peine de venir ainsi au lieu de me faire dire d'aller au château?

RODOLPHE, agité.

Écoute. Tu es bien heureux, toi!... tu vas épouser la femme que tu aimes!... et moi... on m'enlève Mathilde!

CHRISTIAN.

La jeune comtesse que vous adorez ?

RODOLPHE.

Et que je devais épouser à mon retour.... eh bien ! en mon absence, on a disposé de sa main ! tout est convenu, tout est préparé... et sais-tu qui l'épouse ? notre général.

CHRISTIAN.

Le comte de Gruben ?

RODOLPHE.

Lui-même.

CHRISTIAN.

Un homme qui a le double de votre âge !..... c'est impossible !... elle ne peut pas l'aimer.

RODOLPHE.

Non.... mais ses parents ordonnent, il faut obéir ! et c'est ce soir, à minuit, dans la chapelle du château, que ce mariage doit se célébrer !...

CHRISTIAN.

Dans quelques heures ?

RODOLPHE.

On n'aura pas le temps !... je viens d'écrire au général, et nous allons nous battre.

CHRISTIAN.

Ah ! mon Dieu !

RODOLPHE.

Oui, ce soir, à neuf heures... dans les ruines de Falkeinstein.

GRAPH, dans le cabinet.

Le lieu est bien choisi ! c'est un vrai coupe-gorge !

CHRISTIAN.

Votre officier supérieur !... un duel !... songez-vous qu'il suffit de votre billet pour être passible d'un conseil de guerre, et qu'une mort certaine...

RODOLPHE.

Je brave tout... je suis désespéré !

CHRISTIAN.

Il a du courage, du sang-froid, et dans le trouble où vous êtes il vous tuera !

RODOLPHE.

Non, non, la chance sera pour moi.

CHRISTIAN.

Mais alors, il faut vous enfuir, ou une mort infâme...

RODOLPHE.

Je compte sur toi : tu vas courir à la ville, chez mon ami, le lieutenant Albert ; il a de bons chevaux, une chaise de poste : prépare tout cela, et reviens m'attendre ici près, dans le chemin creux.

CHRISTIAN.

Eh! quoi! je n'irai point avec vous dans les
ruines où vous devez vous battre?

RODOLPHE.

Non, mon billet annonce que je serai seul...
D'ailleurs, je n'ai que toi pour assurer ma
fuite.

CHRISTIAN.

Mais de l'argent, de l'or... y avez-vous
pensé?...

RODOLPHE.

Oui, oui... j'en ai beaucoup, là, dans ma
ceinture... (Graph referme la croisée.) Il est huit
heures; je crains les importuns, et je veux de-
vancer mon adversaire au rendez-vous... Toi,
pars, et sois exact.

CHRISTIAN.

Soyez tranquille. Une voiture, deux bons
chevaux et moi pour les conduire... tout cela
dans le chemin creux; et que Dieu me fasse la
grace de ne pas vous y attendre long-temps.

(Musique.)

RODOLPHE.

Adieu! j'ai bon espoir!

(Ils sortent séparément.)

SCÈNE XI.

LE BAILLI, MARGUERITE et TOUT LE VILLAGE.

(On dresse des tables.)

FINAL.

CHŒUR.

Qu'avec nous le plaisir fidèle
Se place à ce joyeux festin!
Que l'amitié qui nous appelle
Nous retrouve à table demain!

LE BAILLI, regardant en l'a

Est-il prudent et sage
De souper en plein air?
Je redoute un orage.

MARGUERITE, riant.

Le ciel est pur et clair.

LE BAILLI.

Il me semble pourtant qu'au loin la foudre gronde.

TOUS, riant.

Ah! ah!

LE BAILLI.

Qu'on serve donc! il vaut mieux se presser.

MARGUERITE, regardant si Christian ne revient pas.

Nous attendons encor du monde;

Mais tout en attendant on peut toujours danser,
　　On peut valser!

LE BAILLI.

Valser! valser! le beau plaisir!
Et puis l'orage va venir.

RONDE.

MARGUERITE.

PREMIER COUPLET.

Livrons-nous à la danse!
Jeune il faut s'égayer!
Assez tôt la prudence
Viendra nous effrayer.
« Tremblez dès votre aurore,
« Vous dira-t-on, voilà
« Des nuages déjà;
« La tempête viendra. »
　　Bah! bah!
　On verra ça
　Quand on y s'ra!
L'orage est loin encore:
Dansons, dansons jusque là.

DEUXIÈME COUPLET.

De l'austère sagesse
Écoutez la leçon,
Elle dira sans cesse:
« N'aimez jamais, sinon
« Les chagrins vont éclore,
« Dès que l'amour viendra;
« Le regret le suivra!
« Votre cœur gémira! »
　　Bah! bah!
　On verra ça
　Quand on y s'ra!
L'orage est loin encore:
Dansons, dansons jusque là.

TROISIÈME COUPLET.

Des vieilles du village
Écoutez les discours!
« Fuyez le mariage!
Disent-elles toujours;
« L'époux qui vous adore
« Bientôt vous trahira!
« Puis vous tourmentera,
« Et toujours grondera! »
　　Bah! bah!
　On verra ça
　Quand on y s'ra!
L'orage est loin encore:
Dansons, dansons jusque là.

(On valse ou l'on danse entre chaque couplet; à la fin
du dernier, le ciel s'obscurcit, quelques éclairs brillent,
et l'on aperçoit, au haut de la montagne, Justine qui
descend en courant, et en poussant un cri.)

TOUS.

C'est Justine! d'où vient cette frayeur soudaine?

SCÈNE XII.

LES PRÉCÉDENTS, JUSTINE.

(Elle arrive pâle et défaite jusqu'au milieu du théâtre.)

MARGUERITE.

Qu'as-tu donc?.... réponds-nous?.... Elle respire à
[peine!

(Elle est prête à se trouver mal; on l'entoure, on la fait
asseoir.)

JUSTINE.

Mon Dieu! mon Dieu! protégez-moi!

MARGUERITE et LE BAILLI.

Te voilà près de nous!... allons, rassure-toi!
Et dis-nous d'où vient cet effroi!

JUSTINE, parlant à mots coupés.

Je viens des ruines du château, que je tra-
versais à la nuit... non sans frayeur... quand
j'entends des pas... ah! comme le cœur me bat-
tait! puis des cris!... un homme que je n'ai pu
distinguer se défendait seul contre deux mal-
faiteurs, et jusqu'au fond du rocher où je m'é-
tais blottie... le vent qui soufflait avec violence,
a porté le chapeau d'un des meurtriers, que j'ai
ramassé... (Le retirant de dessous son tablier.) Tenez!... le voilà!...

MARGUERITE, le prenant et regardant le ruban qui
l'entoure.

Grand Dieu!

(Le bailli s'empare du chapeau.)

ENSEMBLE.

MARGUERITE, à part.

D'horreur et d'épouvante
Elle m'a fait frémir.
Je suis toute tremblante!
Et je me sens mourir.

JUSTINE.

D'horreur et d'épouvante
Je sens mon cœur frémir!
Je suis encor tremblante
D'un pareil souvenir.

LE BAILLI.

D'horreur et d'épouvante
Je sens mon cœur frémir.
Cette trame sanglante,
Comment la découvrir?

SCÈNE XIII.

Les Précédents; GRAPH, à la tête de tous les Gardes-Forestiers; près de lui HERBERT, pâle et tremblant.

GRAPH.

Allons! aux armes, mes amis!
Un crime vient d'être commis!

CHŒUR DES GARDES-FORESTIERS.

Il faut qu'on trouve le coupable,
La justice en est responsable!
Nous venons, pour qu'il soit puni,
Nous adresser au grand-bailli.

LE BAILLI.

Quoi! ça me regarde encore?

GRAPH.

Oui!
Nous entendons qu'on vous le livre!

HERBERT, tremblant.

Oui... qu'entre vos mains... on le livre!

GRAPH, à demi-voix.

Veux-tu ne pas trembler ainsi!...
Allons donc!... un air plus hardi!
(Haut, se retournant vers le bailli.)
Pour nous aider à le poursuivre
Nous venons vous chercher ici.
Partons vite.

LE BAILLI.

Non, Dieu merci!
Quand nous allions nous mettre à table,
Nous mettre à poursuivre un coupable!

GRAPH.

C'est la loi qui le veut ainsi!
(Bas à Herbert.)
Allons, ne tremble pas ainsi!

LE BAILLI, à part, avec dépit.

Est-il place plus agréable
Que la place de grand bailli!

ENSEMBLE.

MARGUERITE.

D'horreur et d'épouvante
Je sens mon cœur frémir.

JUSTINE.

D'horreur et d'épouvante
Je sens mon cœur frémir.

HERBERT.

De remords, d'épouvante
Je me sens tressaillir!

GRAPH, bas à Herbert.

Quel effroi le tourmente ?
Ne va pas te trahir !

LE BAILLI, avec douleur.

Qu'une charge brillante
Coûte cher à remplir !

CHOEUR.

D'horreur et d'épouvante
Je sens mon cœur frémir !

(En ce moment l'orage éclate avec violence ; les paysans
prennent leurs armes ; d'autres allument des torches :
les femmes les excitent.)

CHOEUR GÉNÉRAL.

Allons !... allons !... malgré la nuit
Poursuivons, poursuivons le coupable qui fuit !
Et cherchons bien , malgré l'orage ,
Dans tous les bois du voisinage !

(Graph, Herbert et les gardes-forestiers entraînent le bailli,
qui résiste encore et jette un dernier regard sur la table
déja servie ; les paysans sortent en désordre de tous côtés,
tandis que Marguerite, seule sur le devant du théâtre ,
reste anéantie la tête dans ses mains ; Justine vient à
elle et l'emmène. — La toile tombe.)

FIN DU PREMIER ACTE.

●●●●●●●●●●●●●●●●●●●●●●●●●●●●●●●●●

ACTE SECOND.

L'intérieur de la ferme de Marguerite; le fond est
tout ouvert, et laisse apercevoir la campagne et
le clocher du village.

∞∞

SCÈNE I.

MARGUERITE, triste et pâle.

(Au lever du rideau, deux jeunes filles achèvent de
l'habiller en mariée.)

RÉCITATIF.

MARGUERITE.

Merci de tous vos soins; c'est bien !... me voilà prête;
Allez , à votre tour, vous parer pour la fête !

(Les jeunes filles sortent.)

Pour refuser ce voile et ces habits ,
　Hélas! que pouvais-je leur dire?
　Dans le doute qui me déchire
　Me taire est tout ce que je puis !

CHANT.

　Près de moi l'on s'empresse,
　On me dit : quel beau jour !...
　On me croit dans l'ivresse
　Du bonheur, de l'amour !
　N'est-ce point un délire?
　Sur ma tête une fleur,
　Sur mes traits le sourire ,
　Et la mort dans le cœur !

(Vivement.)

　Non !... il n'est pas coupable!
　Non, non !... c'est trop souffrir!
　Du soupçon qui m'accable ,
　C'est moi qui dois rougir !

(Tremblante.)

　Mais cependant... l'heure s'avance !
　Comment expliquer son absence !
　　Hélas! hélas!
　Pourquoi ne vient-il pas ?...
　Bientôt, selon l'usage,
　Pour notre mariage,
　La cloche du village
　Au loin va retentir !
　A danser sous l'ombrage
　Pour ce soir on s'engage ;
　Et tout le voisinage
　Se dispose au plaisir !...

(Pleurant.)

　Et moi !... moi je verse des larmes !
　Ce jour appelé par mes vœux,

Ce jour qui m'offrait tant de charmes ,
De ma vie est le plus affreux !
(Vivement.)

> Non !.., il n'est pas coupable !
> Non , non!... c'est trop souffrir !
> Du soupçon qui m'accable,
> C'est moi qui dois rougir !

SCÈNE II.

MARGUERITE, JUSTINE.

JUSTINE, entrant gaîment.

Me voilà !... Suis-je belle? voyons, regarde-moi et laisse-moi te voir aussi!.... Très bien !..... oh ! mais, très bien !... foi d'honnête fille, nous sommes charmantes toutes les deux!... Oh ! la jolie chose que le mariage... même quand il s'agit de celui des autres !... et puis, ça me parait si drôle : ce matin, je viens te dire comme de coutume : « Bonjour, Marguerite, » et tantôt, je te dirai . « Bonsoir, ma sœur!... » Mais à propos de sœur, où est donc mon frère? je ne le vois pas.

MARGUERITE , avec curiosité.

Tu le croyais donc ici ?

JUSTINE.

Sans doute.

MARGUERITE.

Et tu l'as vu ce matin?

JUSTINE.

Non, il n'est pas rentré de la nuit.

MARGUERITE , se détournant.

O ciel !

JUSTINE.

Ne t'effraye pas : il a fait dire hier au soir chez nous, qu'on ne l'attendît pas, qu'il avait des courses à faire ; mais ce matin, je pensais qu'il t'aurait donné les premiers moments de son retour ; c'est juste... c'est dans l'ordre !... une amoureuse, ça passe avant une sœur.

MARGUERITE , avec émotion.

Je ne sais où il est, Justine ! peut-être a-t-il moins d'empressement que tu ne crois ! deux ans d'absence peuvent l'avoir changé... la guerre... au régiment, les mauvais exemples... les habitudes des soldats... tout cela peut gâter le cœur d'un honnête homme.

JUSTINE.

Fi donc! mon frère infidèle !... oh! c'est une horreur dont il est incapable. Tranquillise-toi, il va arriver... il le faut !... M. le pasteur s'apprête, et M. le bailli s'étonne déjà que Christian ne soit pas venu lui offrir ses services pour la recherche des coquins de cette nuit.

MARGUERITE.

Et on n'a rien découvert?

JUSTINE.

Rien. A l'endroit que j'ai dit, on a trouvé l'herbe foulée, des branches cassées; il est clair qu'on s'y est débattu; mais point de traces de sang; un simple vol, sans doute.

MARGUERITE.

N'est-ce point assez, Justine? c'est toujours un crime qu'on punit de mort, et le déshonneur est au moins le même.

JUSTINE.

Pardi! je crois bien!... aussi le bailli veut absolument faire pendre quelqu'un... il s'agite... se démène, et m'interroge de nouveau pour savoir si ce n'est pas la peur qui m'a donné une vision! ah! bien oui! une vision! ce n'était que trop vrai!... j'en ai rêvé jusqu'au point du jour!.... oh! que c'est bête, un rêve!... quel embrouillamini!

COUPLETS.

I.

D'abord, mon premier somme
M'a rendu mes frayeurs!
Et j'ai vu ce pauvre homme
Frappé par des voleurs!...
Puis, dans votre ménage,
J'ai vu mon frère et toi,
Et j'ai rêvé pour moi
D'amour, de mariage!...
Oh! c'est fort étonnant, et je n'y comprends rien;
Ça commençait très mal et ça finissait bien!

II.

J'ai vu gens de justice,
Griffonnant un arrêt;
Et conduire au supplice
Un homme qui pleurait!...
Puis j'étais à la danse
Auprès de Mathurin,
Qui me serrait la main
Pour marquer la cadence!...
Oh! c'est fort étonnant, et je n'y comprends rien;
Ça commençait très mal, et ça finissait bien.

MARGUERITE, qui a regardé en dehors à la fin du chant.

Ah! le voilà!... le voilà!

JUSTINE.

Où donc?

MARGUERITE.

Tiens!... il descend la colline!

JUSTINE.

Je te le disais bien !... Mais qu'est-ce qu'il a donc, les bras croisés, distrait, baissant la tête ?

MARGUERITE, tremblante.

En effet !... il rêve sans rien voir !

JUSTINE.

Lui qui est toujours si gai, si alerte !...

MARGUERITE.

Tais-toi ! ne troublons pas sa rêverie !

JUSTINE.

Pourquoi ?

MARGUERITE, la tirant à l'écart.

Viens... silence, crois-moi !...

SCÈNE III.

MARGUERITE et JUSTINE, à l'écart ; CHRISTIAN, arrivant la tête baissée et préoccupé, sur le bord du théâtre, et tombant sur une chaise.

CHRISTIAN, à voix basse.

Je n'en puis plus !... quelle nuit cruelle !... et point de nouvelles !... j'ai attendu vainement avec cette voiture... je viens des ruines, rien !.. personne !... mon pauvre colonel ! où est-il ?... quel est son sort ? se sont-ils battus ?... mon incertitude est affreuse !

MARGUERITE, bas à Justine.

Entends-tu ce qu'il dit ?

JUSTINE, bas.

Non !

MARGUERITE.

Ni moi !

CHRISTIAN, se levant.

Mais, Marguerite !... que doit-elle dire de mon absence ?

JUSTINE, haut et s'avançant.

Ah! pardi ! nous disons que pour un amoureux vous n'êtes guère aimable !

CHRISTIAN.

Oui, j'ai été retenu long-temps !... pardonnez-moi, Marguerite.

MARGUERITE, l'observant toujours.

Quel trouble !

CHRISTIAN.

Dis-moi, Justine !... n'est-il pas venu ?... l'a-t-on vu dans le village ?

JUSTINE.

Qui ?

CHRISTIAN.

Mon colonel.

JUSTINE.

Non, pourquoi?

CHRISTIAN.

Il faut que je le trouve, que je lui parle, et que je sorte enfin de l'état horrible où je suis!

MARGUERITE, à part, vivement.

Voudrait-il l'implorer?... lui avouer son crime?...

JUSTINE, regardant Christian.

Ah çà! mais qu'as-tu donc, pour être comme ça tout bouleversé?...

CHRISTIAN.

Une affaire secrète... des chagrins que je ne puis vous dire... Ne m'interrogez pas, je vous en supplie!...

MARGUERITE, se traînant vers un siége.

Malheureuse!... c'est lui!...

CHRISTIAN, courant à elle.

Qu'est-ce donc, Marguerite?

JUSTINE, de même.

Eh! pardi! voilà comme elle est depuis hier au soir! la peur, le saisissement!...

CHRISTIAN.

La peur?...

JUSTINE.

Oui, cette horrible affaire dans les ruines du vieux château!...

CHRISTIAN, vivement.

Oh ciel!... on sait cela?...

MARGUERITE, se levant vivement.

Et vous?...

CHRISTIAN, sans l'écouter.

Parle, parle, Justine!...

JUSTINE.

Eh oui!... un homme à terre... c'est moi qui l'ai vu de loin se débattre!... J'ai donné l'alarme, on y est accouru; mais on n'a rien trouvé!...

CHRISTIAN.

Quoi! c'est toi qui as vu?...

JUSTINE.

Eh! mon Dieu! oui! un homme en uniforme... l'épaulette brillait à la clarté de la lune.

CHRISTIAN.

Tais-toi!... tais-toi, malheureuse!

JUSTINE.

Pourquoi donc?

CHRISTIAN.

Il y va de la vie d'un homme!

MARGUERITE, à part, et dans le dernier trouble.

Il va se découvrir!...

CHRISTIAN, se promenant à grands pas, et à voix basse.

Tout mon sang se glace !... qui donc a succombé ? Mais où est-il, mon Dieu ?... mort ou vif, où est-il ?... si j'envoyais chez son adversaire ?... oui, oui... je vais écrire. Ma sœur, cours me chercher le messager du village, le grand Thomas !... tu sais ? Qu'il vienne !... qu'il se presse ?.. un écu d'or pour sa peine.

JUSTINE.

Es-tu fou ?...

CHRISTIAN.

Non, mais bien malheureux !... Cours !... pars donc ! au nom du ciel ! (Revenant.) Et moi je vais écrire !...

MARGUERITE.

Mais, de grace !...

CHRISTIAN, entrant dans une chambre à droite.

Non, laissez-moi... plus tard... je reviens...

MARGUERITE.

Ciel ! voici le bailli.

SCÈNE IV.

MARGUERITE ; LE BAILLI, tenant le chapeau trouvé dans les ruines par Justine.

LE BAILLI, essoufflé et s'essuyant le front.

RONDEAU.

Oh ! vraiment, j'en perds la tête !
Qui faut-il donc que j'arrête ?
Je vais là, je cours ici :
Rien de fait, rien d'éclairci !
Le démon se rit, je pense,
De ma rare intelligence !
Pas moyen, dans ce temps-ci,
Pas moyen d'être bailli !

J'étouffe, j'enrage,
Et je suis en eau !
Je cours le village
Montrant ce chapeau !
Dans chaque ménage,
Fillette ou maman,
Ou coquette ou sage,
A vu ce ruban !

Maudites femelles !
Malgré mon desir,
Pas une d'entre elles
N'a voulu rougir !
Rien ne se démêle,
Ah ! quel embarras !
Le diable s'en mêle !
Je n'en doute pas.

Oh ! vraiment j'en perds la tête !
Qui faut-il donc que j'arrête ?
Je vais là , je cours ici ,
Rien de fait, rien d'éclairci !
Le démon se rit, je pense,
De ma rare intelligence !
Pas moyen, dans ce temps-ci,
Pas moyen d'être bailli !

MARGUERITE , s'approchant de la porte de la chambre.

Oh ! mon Dieu !... il faut pourtant lui dire de ne pas sortir.

LE BAILLI.

Où allez-vous donc , ma chère enfant ? j'ai à vous parler.

MARGUERITE , agitée.

Et que voulez-vous de moi ?... je ne puis rien vous apprendre non plus !... quelle est votre raison pour me rendre visite ?

LE BAILLI.

C'est que je n'ai point encore questionné Christian sur cette fâcheuse affaire... il est adroit , intelligent ! il n'y a que lui et moi qui ayons de l'esprit dans ce pays !... je veux un peu causer avec ce garçon-là ; où est-il donc ?

MARGUERITE , fort troublée.

Ah !... vous le cherchez ici ?

LE BAILLI.

Sans doute ! on m'a dit qu'on venait de le voir entrer chez vous.

MARGUERITE.

Non , non... je ne crois pas ! je le saurais, je pense.

LE BAILLI.

Comment !... non ?... cependant...

SCÈNE V.

Les Mêmes , CHRISTIAN.

CHRISTIAN , entrant vivement , un papier à la main.

Oui , ce billet , bien vite !...

LE BAILLI.

Eh ! parbleu , le voilà !

CHRISTIAN , très vite.

Justine ?... pas encore de retour avec le messager ! Allons , cherchons moi-même...

(Il veut sortir.)

LE BAILLI , le prenant par le bras.

Un instant !...

CHRISTIAN.

Je ne puis !... Sans adieu , Marguerite... à tantôt... je l'espère !...

LE BAILLI , le tenant toujours.

Que diable ! écoute-moi donc !

CHRISTIAN.

Que voulez-vous ?

LE BAILLI.

Un mot ! connais-tu ce chapeau ?...

CHRISTIAN.

Oui, vraiment, c'est le mien.

LE BAILLI, stupéfait.

Hein ?...

MARGUERITE, à part.

Dieu !

CHRISTIAN, très vite.

Oui, voilà le ruban que Marguerite m'a donné; qu'en voulez-vous donc faire ? et pourquoi ?...

SCÈNE VI.

LES MÊMES ; JUSTINE, accourant.

JUSTINE, sur la porte et criant.

Mon frère, mon frère !... vous cherchiez le colonel... tenez, là bas, là bas... à cheval, dans la plaine..... galopant vers le château !.....

CHRISTIAN, vivement.

Ah ! que Dieu soit loué !... Viens, appelle avec moi ! courons, ma sœur, courons !

(Il sort en courant et entraîne Justine.)

LE BAILLI, criant.

Arrêtez ! arrêtez !

SCÈNE VII.

MARGUERITE, LE BAILLI.

CHANT , très vif.

MARGUERITE, retenant le bailli de ses deux mains.

Ah ! silence ! silence !

LE BAILLI, voulant lui échapper.

Oh ciel !... que faites-vous ?

MARGUERITE, à genoux.

Je n'ai qu'une espérance,
Et tombe à vos genoux !

LE BAILLI.

Que voulez-vous donc faire ?

MARGUERITE.

Le sauver de la mort !

LE BAILLI.

O ciel !... mon ministère !...

3

MARGUERITE.

Ah! pitié pour son sort!

ENSEMBLE.

LE BAILLI.

Non, non, non, non, le misérable!
C'est lui! grand Dieu! qui l'aurait dit?
Point de pitié pour le coupable!
Et mon devoir me l'interdit!

MARGUERITE.

Hélas! hélas! le misérable!
C'est lui, grand Dieu! qui l'aurait dit?
Pitié! pitié pour le coupable!
Hélas! pour lui mon cœur frémit!

LE BAILLI, voulant sortir.

Allons, et faisons diligence!

MARGUERITE, l'arrêtant.

Non, non, ayez de l'indulgence!

LE BAILLI.

Jamais!... et votre fol amour
Augmente son crime en ce jour!

MARGUERITE.

O ciel! que parlez-vous d'amour
En ce triste et funeste jour!

LE BAILLI.

De mon neveu qui vous adore,
Vous avez dédaigné la foi!

MARGUERITE, comme par inspiration.

Votre neveu?... je puis encore!...
Ah! Dieu m'inspire!... écoutez-moi!...
(Vite et à voix basse.)

Ayez de l'indulgence!
Et gardez le silence,
Et ce neveu chéri,
Repoussé jusqu'ici,
Je dirai que je l'aime,
Et vais à l'instant même
L'accepter pour époux!...
Que m'importe ma vie!
Je vous la sacrifie!
Je n'ai plus qu'un desir :
Le sauver et mourir!

LE BAILLI.

Épouser mon neveu?...

MARGUERITE.

A l'instant je suis prête!

LE BAILLI, pleurnichant.

Je m'attendris, je crois!... une pitié secrète
Pour ce pauvre soldat!...

MARGUERITE.

Ah! de son déshonneur,
Surtout, au nom du ciel, épargnez-moi l'horreur!

ENSEMBLE.

MARGUERITE.

Disposez de ma vie !
Je vous la sacrifie !
Je n'ai plus qu'un desir :
Le sauver et mourir !

LE BAILLI.

Oui, mon ame attendrie,
Vous répond de sa vie !
Dites-lui de s'enfuir,
J'y veux bien consentir !

(L'orchestre continue pendant le dialogue suivant.)

LE BAILLI.

Ah ! calmez-vous, voici tout le village.

MARGUERITE.

Ciel !

LE BAILLI.

On vient vous chercher pour votre mariage
avec Christian ; mais je m'en vais leur dire qu'il
s'agit maintenant de mon neveu.

MARGUERITE, avec égarement.

Vous avez ma promesse. Attendez-moi, je reviens dans un instant.

(Elle entre précipitamment dans sa chambre.)

SCÈNE VIII.

LE BAILLI, s'avançant au bord du théâtre.

(Le chant reprend.)

Ah ! mon neveu, quel sacrifice
Vous imposez à la justice !
Vos intérêts, sur mon honneur,
Hélas ! coûtent beaucoup aux nôtres !
Je laisse échapper ce voleur,
Je me rattraperai sur d'autres.

SCÈNE IX.

**LE BAILLI, HERBERT, GRAPH, JUSTINE,
TOUT LE VILLAGE.**

CHŒUR.

Ici le plaisir nous invite !
Nous accourons au rendez-vous.
Voici l'instant où Marguerite
Va se donner un tendre époux.

HERBERT, bas à Graph.

Je sens frémir mon cœur jaloux !

GRAPH.

Tais-toi ! modère ton courroux.

CHŒUR.

Où donc est Marguerite,
Et son futur époux?

LE BAILLI.

Amis, son choix est fait ; c'est mon neveu qu'elle aime.

HERBERT.

O ciel!

JUSTINE, au bailli.

Que dites-vous ?

LE BAILLI.

Je le tiens d'elle-même.

JUSTINE.

C'est impossible !

LE BAILLI.

Taisez-vous !

CHŒUR.

Mon Dieu! quelle surprise extrême !

LE BAILLI.

Elle vient, je la vois!

SCÈNE X.

LES MÊMES ; MARGUERITE, pâle, abattue, et
s'approchant lentement d'Herbert.

MARGUERITE.

Herbert!... voici ma main!...

HERBERT.

Est-il vrai!...

JUSTINE.

Quelle horreur !

MARGUERITE, à l'oreille de Justine.

Oui! tel est mon destin !
(Lui donnant un papier.)
Tiens, remets promptement ce billet à ton frère!
Silence!... et crains surtout de savoir ce mystère !

CHŒUR, en suivant la noce.

Allons, partons; la cloche nous appelle ;
Que l'avenir leur soit propice et doux ;
Notre amitié les suit à la chapelle:
Allons prier pour les nouveaux époux.

SCÈNE XI.

JUSTINE, seule. Elle est tombée anéantie sur une
chaise et, dans un coin.

Ah! mon Dieu! mon Dieu! j'en deviendrai
folle... Mais ça n'est pas possible ! et tout ce que
je vois est la continuation de mon rêve de la
nuit dernière ! Marguerite infidèle ! quelle hor-

reur ! quelle perfidie ! quelle abomination ! j'en
pleure de colère ! Oh !'les femmes ! je les dé-
teste ! il n'y a que les garçons qui aient bon
cœur et qui soient gentils ! (Regardant.) Qui
vient ici ?... mon frère !... Ah ! quel coup je vais
lui porter !... le courage me manque ! et je
n'oserai jamais lui donner cette lettre qui
contient sans doute encore quelque trahison...
Mon pauvre frère !

(Elle retombe sur sa chaise.)

SCÈNE XII.

JUSTINE, à l'écart; RODOLPHE, CHRISTIAN.

CHRISTIAN, le tenant dans ses bras.

Mon colonel !... quelle joie !... quel bonheur !... après tant de tourments et de crainte
pour vos jours !

RODOLPHE.

Ma foi ! ces deux bandits, que par malheur
je n'ai pu reconnaître, sont de vigoureux scélérats ; après m'avoir volé, ils voulaient me
tuer ; j'ai eu beau me défendre, ils m'avaient
terrassé, et j'allais périr quand mon général
est accouru l'épée à la main et les a mis en
fuite !

CHRISTIAN.

Vive ce brave général !

RODOLPHE.

Et juge de mes regrets, quand il m'a dit en
souriant : « Étourdi que vous êtes ! ·Pourquoi
m'avoir caché votre amour ? l'aimable enfant
que vous adorez a eu plus de confiance; venez
la voir auprès de ses parents que j'ai disposés
en votre faveur et qui vous accordent la main
de leur fille. »... J'ai voulu me jeter à ses genoux, il m'a tendu les bras; et je suis maintenant le plus heureux des hommes.

CHRISTIAN.

Et pendant que vous étiez au château de
votre belle, j'ai passé la nuit à l'endroit convenu,
répétant à votre intention toutes les prières
que m'apprit jadis ma pauvre mère; et puis,
toute la matinée, j'ai couru comme un fou
pour retrouver vos traces ! Enfin, Dieu soit
béni ! vous voilà gai, content; vous me faites
l'honneur d'assister à ma noce, et cela double,
je crois, mon plaisir et mon bonheur. Vous
allez voir ma prétendue. — Mais où sont-elles
donc ?... (Appelant.) Justine !... Marguerite !

JUSTINE ; sanglottant.

Ah !... ah !...

CHRISTIAN , l'apercevant.

Pourquoi donc pleures-tu ?

JUSTINE.

A cause du chagrin que tu vas avoir !

CHRISTIAN.

Du chagrin aujourd'hui ? quand j'épouse Marguerite ?

JUSTINE.

Oui, oui, ta Marguerite est une scélérate ! Ah! mon pauvre garçon ! je n'ose pas te dire !... Tiens... tu sais lire, toi ! voyons, dis-moi d'abord ce qu'il y a là-dedans !

(Elle lui donne le papier.)

RODOLPHE.

Qu'est-ce que cela signifie ?

CHRISTIAN.

Je ne sais pas ; mais je tremble ! (Il ouvre le billet.) C'est elle qui m'écrit : (Il lit pendant que l'orchestre commence en sourdine la ritournelle du final.) « Il n'y avait qu'un moyen de vous sauver ; « Dieu m'a donné la force de l'employer : c'est « la plus grande, la dernière preuve de mon « amour pour vous! j'en réclame une à mon « tour ; partez à l'instant même, et partez pour « jamais ! »

FINAL.

ENSEMBLE.

CHRISTIAN.

Rien n'est égal à ma surprise !
Je suis tremblant au fond du cœur.
Mais quelle est donc cette méprise
Qui vient troubler notre bonheur ?

RODOLPHE.

Ah! dans ses yeux quelle surprise !
Il est tremblant au fond du cœur.
Mais qu'est-ce donc? quelle méprise
Vient s'opposer à son bonheur ?

JUSTINE.

Pauvre garçon ! quelle surprise !
Que je le plains dans sa douleur !
Faut-il, hélas! que je lui dise,
Qu'il n'est pour lui plus de bonheur !

SCÈNE XIII.

LES MÊMES ; MARGUERITE, arrivant avec égarement, et cachant ses larmes.

MARGUERITE, à Christian, surprise de le voir.

O ciel! que fais-tu, malheureux !

CHRISTIAN.

Que dites-vous !...

MARGUERITE.

Fuis de ces lieux !

LES TROIS AUTRES.

Mais pourquoi ce délire !
Et que voulez-vous dire ?

MARGUERITE, à voix basse.

J'ai prié le bailli,
Dans mon inquiétude,
De m'accorder ici
Un peu de solitude;
Mais je n'ai qu'un instant.
On va venir sans doute !
Fuis le sort accablant
Que pour toi je redoute !

CHRISTIAN.

Pourquoi faut-il partir ?

MARGUERITE.

Quoi ! ton cœur est tranquille ?

CHRISTIAN.

De quoi puis-je rougir ?

MARGUERITE.

La feinte est inutile !
Quel démon t'a conduit ?
Qu'as-tu fait cette nuit ?

CHRISTIAN.

Mais j'étais à la ville !

MARGUERITE.

A la ville ?...

RODOLPHE.

Oui, vraiment:

MARGUERITE, égarée.

Ah ! pardon, monseigneur !
A la ville ! grand Dieu !

RODOLPHE.

Croyez-moi, sur l'honneur !
(Souriant.)

Point de chagrin, de jalousie,
Plus que jamais il vous chérit !
C'est moi, qui loin de son amie
Lui fis passer toute la nuit.
Pour m'obéir, soldat fidèle,
J'en fais serment, j'en suis certain,
Près de la ville en sentinelle
Il est resté jusqu'au matin.

MARGUERITE, s'écriant, et tombant dans leurs bras.

Ah !...

LES TROIS AUTRES.

Ciel ! à peine elle respire !
D'où peut venir un tel délire?

SCÈNE XIV.

Les Mêmes, LE BAILLI, HERBERT,
TOUT LE VILLAGE.

FINAL.

CHŒUR.

Vive le mariage!
Dansons, amusons-nous!
Chantons, selon l'usage,
Les deux nouveaux époux!

LE BAILLI, voyant Christian.

Qui vois-je ici!

HERBERT, séparant Christian de Marguerit

Le téméraire!
Auprès de nous que viens-tu faire?

CHRISTIAN, surpris, et avec courroux.

Quel ton de maître!

HERBERT.

Éloigne-toi!

CHRISTIAN.

Quel insolent!...

HERBERT, désignant Marguerite.

Elle est à moi!
Je viens de recevoir sa foi.

CHRISTIAN, avec force.

Oh! trahison! oh! perfidie!

MARGUERITE, revenant à elle.

Oh! Dieu!

LE BAILLI, à Christian.

Sortez!

CHRISTIAN, à Herbert.

Je veux ta vie!

MARGUERITE, à Christian, avec douceur et résignation.

Tu fus l'ami de mon enfance,
Mais le sort m'éloigne de toi!
Fuis de ces lieux, plus d'espérance,
Car Herbert a reçu ma foi!

ENSEMBLE GÉNÉRAL.

CHŒUR, regardant Christian.

Son malheur l'accable!
Il verse des pleurs!
Qu'un Dieu favorable
Calme ses douleurs!

RODOLPHE et JUSTINE, près de Christian.

Son malheur l'accable!
Il verse des pleurs!
Qu'un Dieu favorable
Calme ses douleurs!

LE BAILLI, à part.

Son malheur l'accable !
Il verse des pleurs !
Va-t'en, pauvre diable !
Qu'on te pende ailleurs !

CHRISTIAN, anéanti.

Oh ! sort qui m'accable !
Je verse des pleurs !
A son cœur coupable
Cachons mes douleurs !

HERBERT et GRAPH, à part.

Son malheur l'accable !
Il verse des pleurs !
D'un sort favorable
Goûtons les douceurs !

MARGUERITE.

Son destin l'accable !
Il verse des pleurs !
Et je suis coupable
De tous nos malheurs !

HERBERT, vivement à Christian.

Il faut partir !...

CHRISTIAN, vivement.

Crains ma colère !
Ne me viens pas braver ainsi !

LE BAILLI.

Tenez-le bien !

RODOLPHE et JUSTINE, à Christian.

Sortons d'ici !...

ENSEMBLE, très vif.

CHRISTIAN, à Marguerite.

Oh ! perfidie !
Quoi ! pour la vie,
Il faut gémir
De te chérir !
Ame cruelle !
Cœur infidèle !
Toi ! me trahir !
Il faut mourir !

LE BAILLI, HERBERT et GRAPH, à Christian.

Point de furie !
Va, pour la vie,
Va-t'en gémir
De la chérir !
Et ta cruelle,
Ton infidèle,
Te dit de fuir
Sans discourir !

MARGUERITE.

Toute la vie,
Du sort trahie,
Je vais gémir,
De le chérir !

Peine cruelle !
Que Dieu m'appelle !
C'est trop souffrir !
Il faut mourir !

LES VILLAGEOIS.

Toute la vie
Il l'a chérie ;
Qu'il doit gémir !
Qu'il doit souffrir !
Cœur infidèle !
Oh ! la cruelle !
Il va partir !
Il va la fuir !

(Rodolphe et Justine entraînent Christian hors de la maison. Marguerite rentre seule dans sa chambre. Les autres
personnages regardent la sortie de Christian. — On.
baisse la toile.)

FIN DU DEUXIÈME ACTE.

❦❦❦❦❦❦❦❦❦❦❦❦❦❦❦❦❦❦❦❦❦❦❦❦❦❦❦❦

ACTE TROISIÈME.

La maison d'Herbert : une porte et une fenêtre dans
le fond. Sur le premier et le deuxième plan, à
gauche, deux portes latérales ; sur le premier
plan, à droite, un escalier conduisant à une
chambre du premier étage. On peut se cacher
sous l'escalier. Une lampe allumée sur une table.

❦❦❦❦❦❦❦❦❦❦❦❦❦❦❦❦❦❦❦❦❦❦❦❦❦❦❦❦❦❦❦❦❦❦❦❦❦

SCÈNE I.

LE BAILLI, MARGUERITE.

(Sur les dernières mesures de la musique de l'entr'acte,
entre, par la porte du fond, le bailli, conduisant gra-
vement Marguerite par la main.)

LE BAILLI, avec embarras.

Écoutez-moi, ma chère enfant ; votre mari,
mon excellent neveu, est dans la chaumière à
côté... à congédier ses amis... et il a de la peine !
on a beau leur chanter la vieille chanson fran-
çaise... *Allez-vous-en, gens de la noce !*... ils
sont attablés et demandent toujours un dernier coup de vin à la santé de la mariée..... ce
qui n'en finit pas ! Aussi, mon neveu, que cela
impatientait, m'a fait signe de l'œil de vous
emmener, ce qui n'a rien d'extraordinaire, vu
ma qualité de grand parent et de grand-bailli.
C'est ici le logement de mon neveu... et au premier sa chambre à coucher... Cela pourrait
être mieux meublé ; mais ce pauvre Herbert,
vous le savez, n'est riche qu'en vertus. (Il attend
que Marguerite lui parle, mais elle garde le silence.)
Vous n'avez pas autre chose à me dire... ni moi
non plus... Je m'en vais... Allons, ma nièce...
allons, consolez-vous ! Herbert va venir, et je
vous engage, si, par hasard vous pensez à un
autre....

MARGUERITE, pleurant.

Christian !

LE BAILLI.

Vous n'aviez pas besoin de me le nommer :
j'en étais sûr !... Pauvre Christian ! il était in-
nocent !... C'est un malheur !... La justice peut
se tromper, sur-tout quand c'est la première
fois !... car c'était ma première affaire..... Du
reste, je l'ai vu, je lui ai expliqué votre méprise, et il a compris aisément que vous vous
étiez donnée à un autre par amour pour lui...
ce qui est toujours une consolation... aussi, il
ne reste pas au pays... il va partir !

MARGUERITE, vivement.

Il part !...

LE BAILLI.

Oui, ma nièce !... et moi aussi !... J'ai encore
ce soir mille choses à faire ; (à part.) quand ce
ne serait que la sérénade d'usage à donner aux
mariés... (Haut.) Adieu donc ! du courage. Vous
n'êtes pas folle de votre mari ; mais je vous
assure que cela n'est pas très nécessaire en
ménage. Ma pauvre femme, quand elle m'é-
pousa, ne pouvait pas me souffrir, et il n'en
est pas résulté le plus petit inconvénient.
Ainsi soit-il pour mon neveu... Ne vous dérangez pas... Bonsoir et bonne nuit, madame
Herbert de Birminstel.

(Il sort par la porte du fond ; au même instant paraît
Christian à la croisée.)

SCÈNE II.

MARGUERITE, CHRISTIAN.

MARGUERITE, sans voir Christian.

La force m'abandonne ; moi, la femme d'Herbert !... oublier Christian, ne plus le revoir, jamais !

CHRISTIAN.

Marguerite !

MARGUERITE.

Ah ! ciel !

CHRISTIAN.

Un seul mot, je t'en supplie.

MARGUERITE.

Toi, dans cette maison !

CHRISTIAN.

Je n'ai pu partir sans te dire un dernier
adieu !...

MARGUERITE.

Mais tu dois me haïr : je le mérite puisque j'ai
pu te soupçonner d'un crime.

CHRISTIAN.

Non, je te plains et t'aimerai toujours.

MARGUERITE, pleurant et presque dans ses bras.

Oh ! oui, pardonne-moi, je suis bien malheureuse !

CHRISTIAN.

Je le sais, Marguerite : ton sort m'afflige encore plus que le mien. Toi, tu dois oublier l'ami
de ton enfance, et l'amour qui faisait ton bonheur sera le tourment de ta vie... pour moi, je
puis du moins te rester fidèle, mon cœur est
libre de t'aimer : je n'ai pas fait d'autres pro-

messes, et à mon dernier soupir je puis
songer à toi ... je puis mourir enfin en pronon-
çant ton nom... ne pleure pas, je suis moins à
plaindre que toi.

(On entend la voix d'Herbert à la porte du fond, en
dehors.)

HERBERT.

Bonsoir donc... bonsoir, mes amis.

MARGUERITE.

Grand Dieu!.... je suis perdue!.... va-t'en!
va-t'en!

(Christian veut s'élancer vers la fenêtre du fond; il en est
empêché par les gens de la noce qui passent en dehors et
crient à la fenêtre : « Bonsoir, les mariés ! »)

HERBERT.

Merci... rentrez chez vous.

MARGUERITE.

Le voici.

CHRISTIAN.

Calme-toi.

(Il entre précipitamment dans la chambre à gauche.)

MARGUERITE, tombant sur un siége près de la chambre
où s'est caché Christian.

Oh! mon Dieu! que je voudrais mourir !

SCÈNE III.

CHRISTIAN, caché; MARGUERITE, sur un
siége; HERBERT, fermant en dedans la porte
et la fenêtre.

HERBERT, près de Marguerite avec émotion.

ROMANCE.

PREMIER COUPLET.

Au serment qui nous lie
Je devrai pour jamais,
Le bonheur de ma vie
Ou des jours de regrets !
Je vous vois tout émue,
Ayez moins de frayeur,
Et, de grace, à ma vue
Rassurez votre cœur !...
C'est, hélas! à moi-même,
Aujourd'hui votre époux,
C'est à moi, qui vous aime,
A trembler près de vous !

DEUXIÈME COUPLET.

Dans vos yeux je viens lire,
Et daignez, par pitié,
M'accorder un sourire,
Un regard d'amitié !
Vous craignez ma présence,
Vous tremblez, je le vois ;

Pourquoi donc en silence
Tressaillir à ma voix?...
C'est, hélas ! à moi-même,
Aujourd'hui votre époux;
C'est à moi, qui vous aime,
A trembler près de vous !

(On frappe à la porte du fond.)

Qui vient là? (On frappe encore.) Qui que vous soyez, je n'ouvre point à pareille heure.

GRAPH, en dehors.

C'est moi... Graph!

HERBERT, avec effroi.

O ciel!

GRAPH.

Ouvre-moi! il le faut.

HERBERT.

A demain.

GRAPH.

A l'instant, et dans ton intérêt.

HERBERT.

J'y vais. (A Marguerite, lui montrant la porte qui est en haut de l'escalier.) Laissez-nous un instant, je vous prie; veuillez monter dans notre chambre.

(Marguerite monte et entre dans la chambre qui est au bout de l'escalier. — Herbert ouvre la porte du fond à Graph.)

SCÈNE IV.

HERBERT, GRAPH.

GRAPH.

Enfin! c'est bien heureux!... tu te crois donc déjà bien grand seigneur? Tu fais faire antichambre dans la rue... à tes amis... à tes associés?...

HERBERT, avec crainte.

Graph... du silence!... Ma femme est là-haut!...

GRAPH, baissant la voix.

C'est juste : j'oubliais que tu étais dans les douceurs de l'hymen.

HERBERT.

Que me veux-tu? qui t'amène?

GRAPH.

Notre sûreté... et de plus, une bonne affaire! le comte de Gruben, tu sais, ce général, qui, hier, dans les ruines, est venu... nous déranger et sauver le comte Rodolphe...

HERBERT.

Eh bien ?

GRAPH.

Eh bien !... il quitte cette nuit le château.

HERBERT.

Que m'importe ?

GRAPH.

Il va passer près d'ici... seul... dans une chaise de poste.

HERBERT.

Qu'est-ce que cela me fait ?

GRAPH.

Il venait pour se marier... et avait, dit-on, avec lui, pour l'achat de la corbeille, une somme considérable...

HERBERT.

O ciel ! et tu voudrais encore !...

GRAPH.

Ah ! tu comprends enfin !... c'est à-la-fois nous enrichir et nous débarrasser d'un témoin dangereux... Bonne affaire !... J'ai pensé à toi, parceque tu es mon ami... je viens te chercher.

HERBERT.

Je ne te suivrai pas !... tu m'as entraîné... ce n'est que trop d'une faute !... l'argent que j'ai là me donne assez de remords !... (Il désigne de l'œil une petite armoire près de l'escalier. Graph regarde l'armoire avec un signe de satisfaction.) Laisse-moi ; je veux désormais vivre en honnête homme... cela me convient.

GRAPH.

Ça ne me convient pas à moi... Ah ! ah ! tu crois peut-être que quand on a une fois commencé... on peut s'arrêter à volonté... ça serait trop commode !... Non, mon garçon... j'ai besoin de toi, et tu viendras.

DUO.

(Mouvement vif.)

GRAPH.

Allons, partons !

HERBERT.

Je n'irai pas !

GRAPH.

Tu m'appartiens et tu viendras !

HERBERT.

Ah ! je rougis de te connaître !

GRAPH.

Obéis-moi, je suis ton maître !

HERBERT.

Ah ! laisse-moi !

GRAPH.

Partons !

HERBERT.

Non, non!

GRAPH.

Marchons!

HERBERT.

Non! non!

GRAPH.

Ah! le poltron!

Viens, viens!

HERBERT.

Non, non!

GRAPH.

Viens, viens!

HERBERT:

Non, non!

ENSEMBLE.

GRAPH.

A l'amitié ton cœur est traître!
Mais à me fuir ne songe pas!
Tu m'appartiens, je suis ton maître,
Tu m'appartiens et tu viendras!

HERBERT.

Ah! je rougis de te connaître,
A ton aspect, je tremble, hélas!
Un crime affreux t'a fait mon maître!
De ton pouvoir n'abuse pas!

HERBERT, l'implorant.

Près de la pauvre Marguerite,
Ah! laisse-moi quelques instants
Calmer le trouble qui m'agite,
Et mes remords et mes tourments!

GRAPH, souriant avec méchanceté.

Si tu ne m'obéis bien vite,
Pour embellir ce jour si doux,
Je vais apprendre à Marguerite
Le beau secret de son époux!

HERBERT.

O ciel! que dis-tu, misérable?

GRAPH.

Je t'avertis, je suis bon diable!

HERBERT.

Tu ris encor!

GRAPH, riant.

De ton effroi!

HERBERT.

Ah! scélérat!

GRAPH.

Pas plus que-toi!

HERBERT.

Encore, encore un nouveau crime!

GRAPH.

Oui, pour te rendre mon estime !
(Vivement.)
Viens, viens !

HERBERT.

Hélas !

GRAPH.

Viens, viens !

HERBERT.

Hélas !

GRAPH.

Tu m'appartiens et tu viendras !

HERBERT.

Ah ! je rougis de te connaître !

GRAPH.

Obéis-moi, je suis ton maître !

HERBERT.

Ah ! laisse-moi !

GRAPH.

Viens, viens !

HERBERT.

Hélas !

GRAPH.

Allons, marchons !

HERBERT, chancelant.

Soutiens mes pas !

ENSEMBLE, très vif.

GRAPH, l'entraînant.

Avant le jour qui va paraître,
Allons, marchons, ne tardons pas !
Tu m'appartiens, je suis ton maître,
Tu m'appartiens et tu viendras !

HERBERT.

Ah ! je rougis de te connaître,
Et tout mon sang frémit, hélas !
Un crime affreux t'a fait mon maître,
Je t'appartiens, je suis tes pas !

(Ils sortent précipitamment.)

SCÈNE V.

MARGUERITE, CHRISTIAN.

CHRISTIAN, fort troublé, sortant de la chambre
à gauche.

Qu'ai-je entendu ! (Montant l'escalier et appelant.) Marguerite !... Marguerite !...

MARGUERITE, sur l'escalier.

Quoi ! seraient-ils partis ?...

CHRISTIAN.

Oui ! oh ! les scélérats !

4

MARGUERITE.

Que dis-tu ?...

CHRISTIAN.

Les assassins d'hier au soir !...

MARGUERITE.

Eh bien ?

CHRISTIAN.

C'est Graph et ton mari !...

MARGUERITE.

Ah ! tout mon sang se glace !

CHRISTIAN.

Je viens de les entendre.

MARGUERITE.

Quelle horreur !

CHRISTIAN.

Je cours prévenir un nouveau crime... Mais écoute , écoute ! il y a du monde en-dehors...

MARGUERITE.

Je suis déshonorée si l'on nous voit ensemble !

CHRISTIAN.

Rentre dans ta chambre.

MARGUERITE.

Et toi ?...

CHRISTIAN.

Va , ne crains rien.

MARGUERITE.

On entre...

CHRISTIAN.

Oui, du silence !

(Il se cache sous l'escalier.)

SCÈNE VI.

LE BAILLI ; TOUT LE VILLAGE, avec des instruments pour une sérénade.

CHOEUR.

Tendres époux ,
Ecoutez-nous ;
Auprès de vous
Nous voilà tous.
Ah ! que pour vous
Ce jour est doux !
Ah ! dormez-vous ,
Tendres époux ?

MARGUERITE, paraissant sous l'escalier.

Pourquoi ces chants ?

CHOEUR.

Ils sont d'usage.
Honneur et bonheur au ménage !

LE BAILLI.

C'est moi, votre oncle le bailli !
Que mon neveu paraisse !... est-il donc endormi ?

MARGUERITE.

Je suis seule.

LE BAILLI.

Comment ! Herbert n'est point ici ?

CHOEUR.

Herbert n'est point ici !
Quel singulier mari !

LE BAILLI.

Encore absent !... c'est incroyable !

CHOEUR.

Oh ! c'est vraiment impardonnable !

LE BAILLI, à la porte du fond.

Il n'est pas loin, assurément !...

Paix !... écoutez !... quelqu'un s'avance !...
Un homme seul.

CHOEUR.

C'est lui !

LE BAILLI, fermant la porte.

C'est lui ! faisons silence !
Pour le surprendre il faut nous cacher un instant.

CHOEUR.

Point de bruit ! point de bruit ! cachons-nous dou-
[cement.

LE BAILLI, aux femmes.

Dans la chambre de Marguerite,
Vous, avec elle entrez bien vite,

MARGUERITE, rentrant.

Ah ! je respire à peine !

LE BAILLI, aux hommes.

Et vous tous, par ici,
Avec moi cachez-vous aussi.

TOUS, à voix basse.

Pour un instant faisons silence,
Oui, cachons-nous tous à-la-fois !
Et puis soudain en sa présence,
Un grand chorus tout d'une voix.

SCÈNE VII.

(Christian, caché sous l'escalier ; les femmes cachées
dans la chambre de Marguerite ; le bailli et les hommes cachés dans la chambre à gauche ; la porte du fond
s'ouvre, et Graph paraît avec précaution. L'orchestre
continue toujours en sourdine.)

GRAPH, seul, à voix basse.

L'imbécille !... il avait des remords !... il
tremblait, il m'aurait fait pendre ! et m'ex-
poser avec lui pour quelques florins que je
pouvais retrouver ici sans danger ? Non, non !..
meilleure affaire !... meilleure idée !... un seul
coup m'a débarrassé d'un associé poltron et
gênant... et me voilà de droit son héritier !...

ce que j'avais eu hier la faiblesse de partager
avec lui... et de plus la dot de sa femme...
tout est là... (Montrant l'armoire.) Tout cela
n'appartient !... et je défie bien le ciel, dont
on nous menace toujours, de se mêler maintenant de mes affaires !...

FINAL.

CHRISTIAN , le saisissant à la gorge.

Scélérat !...

GRAPH , se débattant.

Oh ! fureur !...

TOUT LE MONDE , arrivant.

Mais, qu'est-ce donc, grand Dieu?

CHRISTIAN , au bailli.

Il vient d'assassiner !...

LE BAILLI.

Qui donc?

CHRISTIAN.

Votre neveu !
(Les villageois se saisissent de Graph.)

MARGUERITE.

Qu'entends-je ! oh ! ciel !

CHRISTIAN , la serrant dans ses bras.

Oh ! Marguerite !

LE BAILLI.

Herbert !... ah ! scélérat ! qu'on l'entraîne au plus
(vite.

CHRISTIAN.

Et le crime d'hier, c'est lui qui l'a commis !

LE BAILLI.

Je vais m'évanouir ! et ne sais où j'en suis !

CHRISTIAN , à Marguerite.

Et maintenant, ô mon amie !
Tu m'es rendue, et pour la vie !

CHOEUR.

Trop long-temps la peine
Affligea leur cœur !
Et ce jour ramène
Pour eux le bonheur !

FIN DU TROISIÈME ET DERNIER ACTE.